Молитва «Отче наш»

« Отче наш, що на небесах!»

Ми молимося Богові. Він наш люблячий Батько на небі.

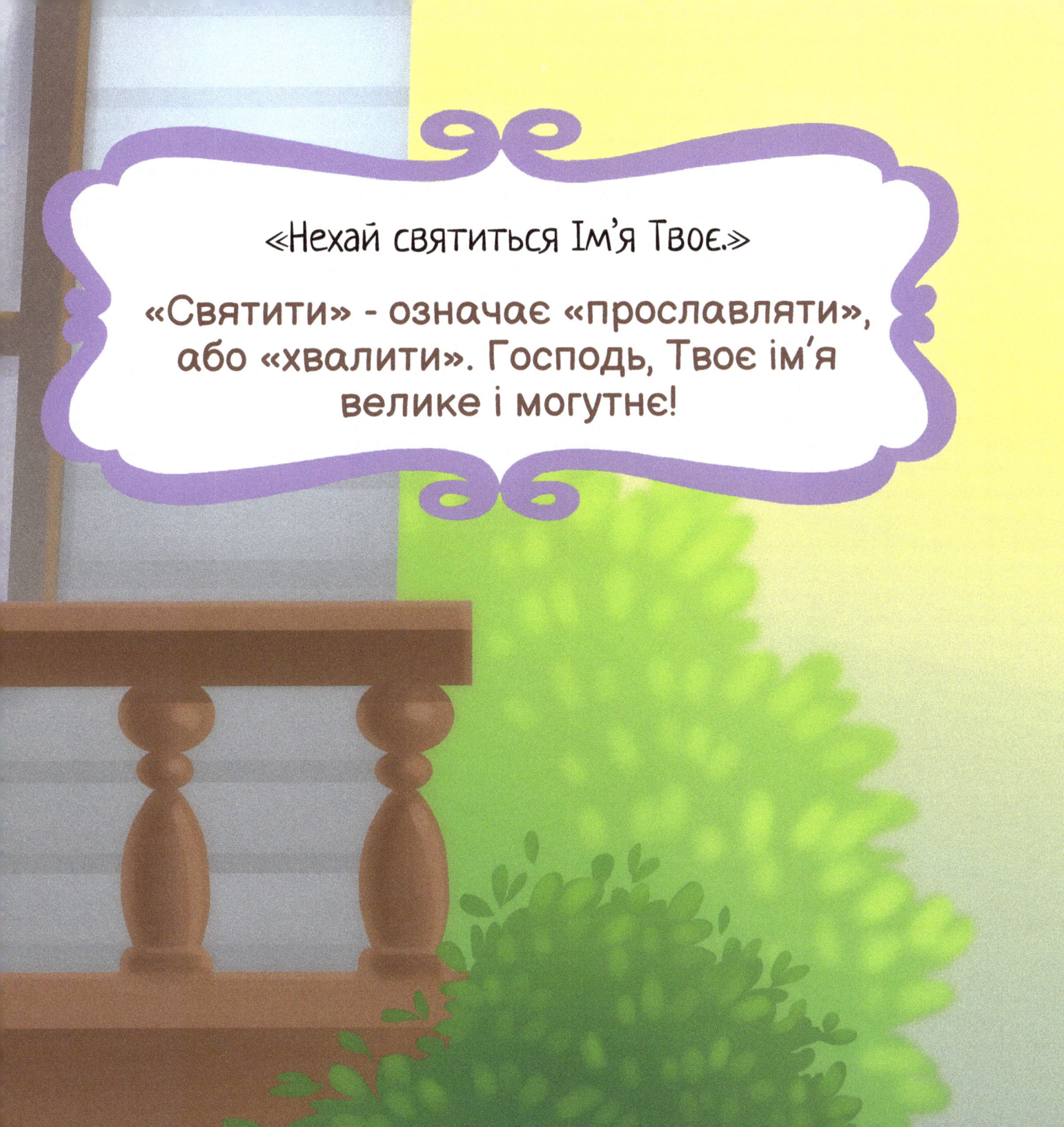

«Нехай святиться Ім'я Твоє.»

«Святити» - означає «прославляти», або «хвалити». Господь, Твоє ім'я велике і могутнє!

«Нехай прийде Царство Твоє,»

Царство Бога - це реальність, в якій ти відчуваєш доброту і любов.

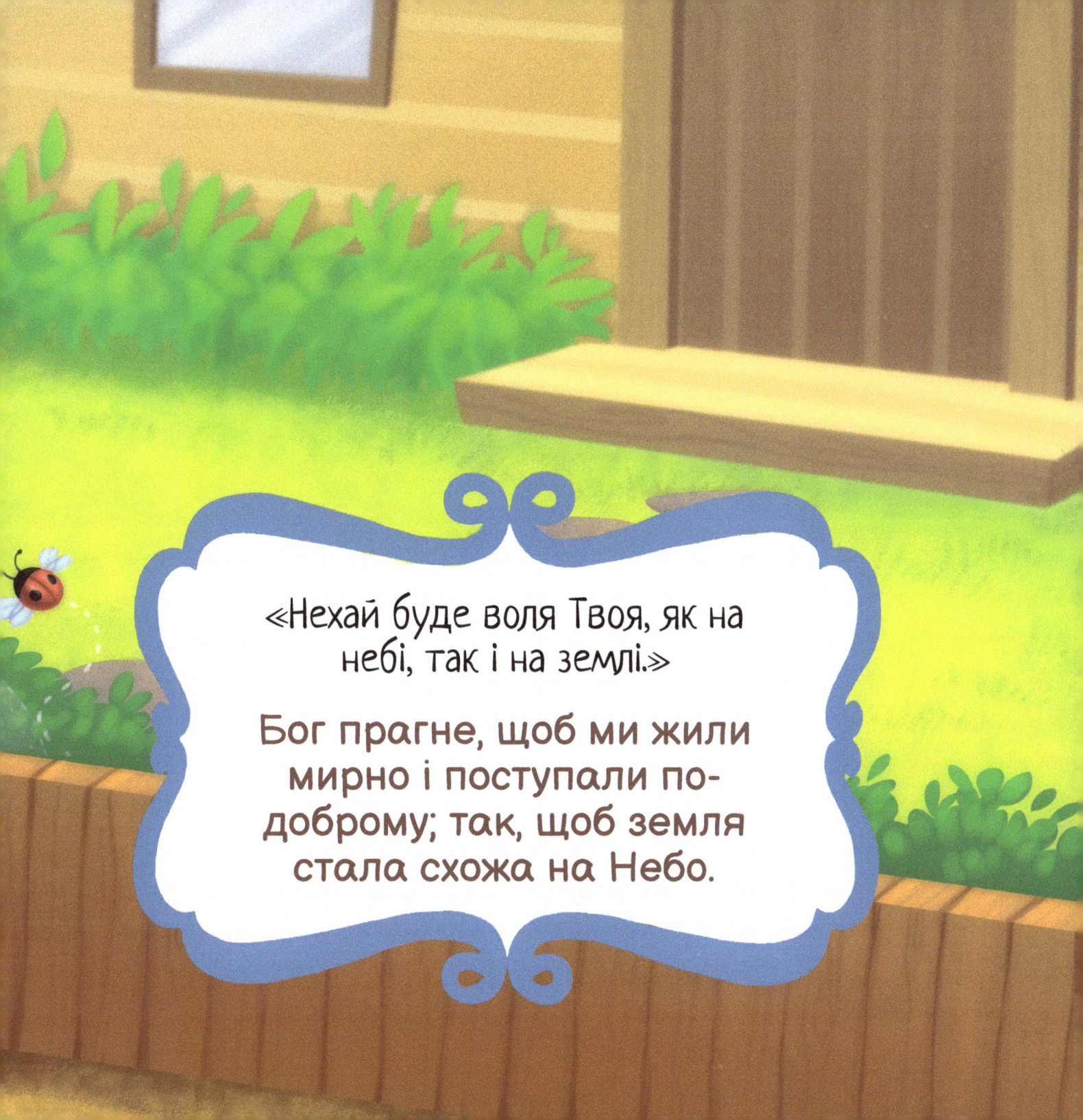

«Нехай буде воля Твоя, як на небі, так і на землі.»

Бог прагне, щоб ми жили мирно і поступали по-доброму; так, щоб земля стала схожа на Небо.

«Хліб наш щоденний дай нам сьогодні.»

Ми довіряємо Богові: щодня Він дає нам усе необхідне для життя.

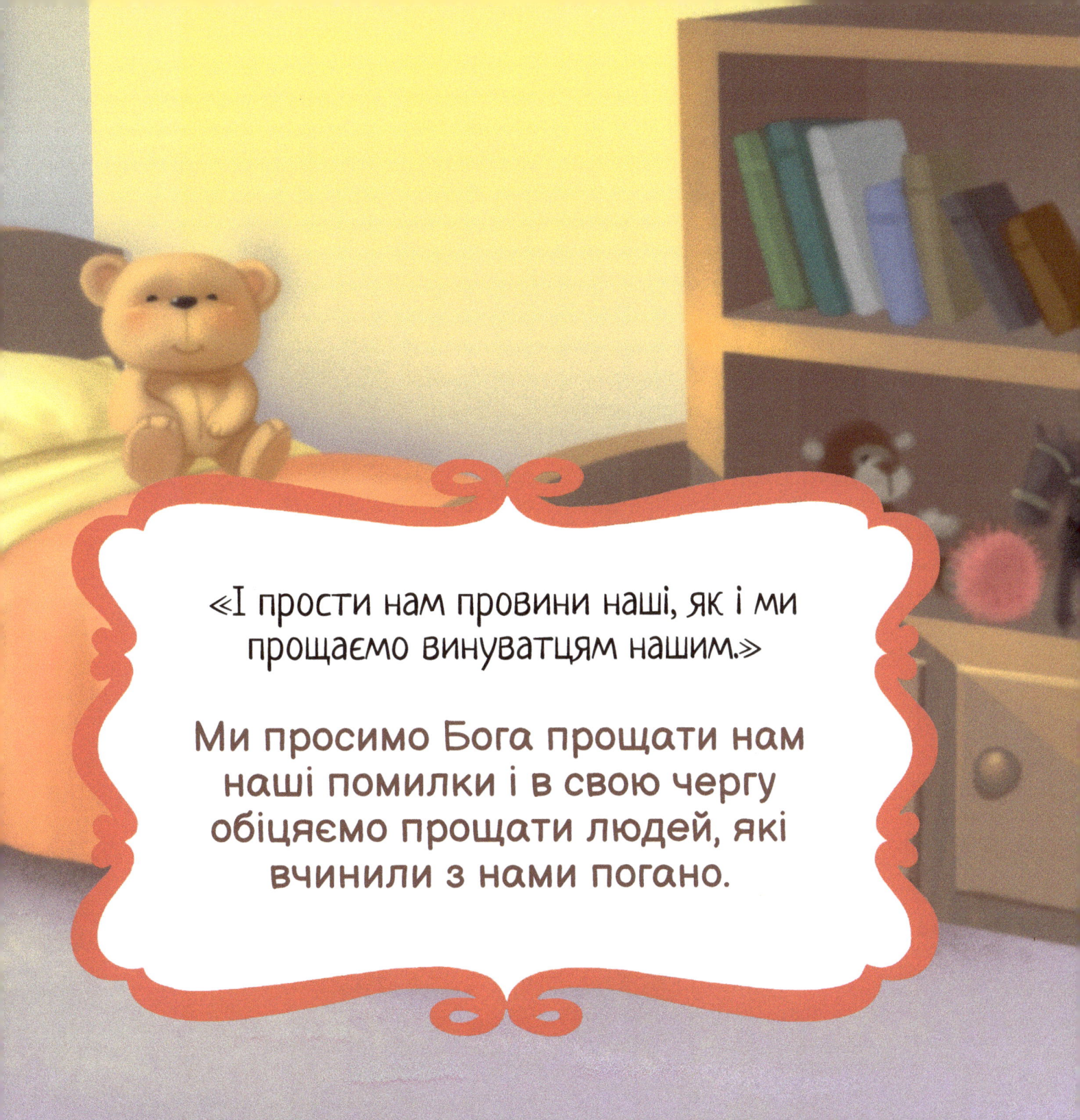

«І прости нам провини наші, як і ми прощаємо винуватцям нашим.»

Ми просимо Бога прощати нам наші помилки і в свою чергу обіцяємо прощати людей, які вчинили з нами погано.

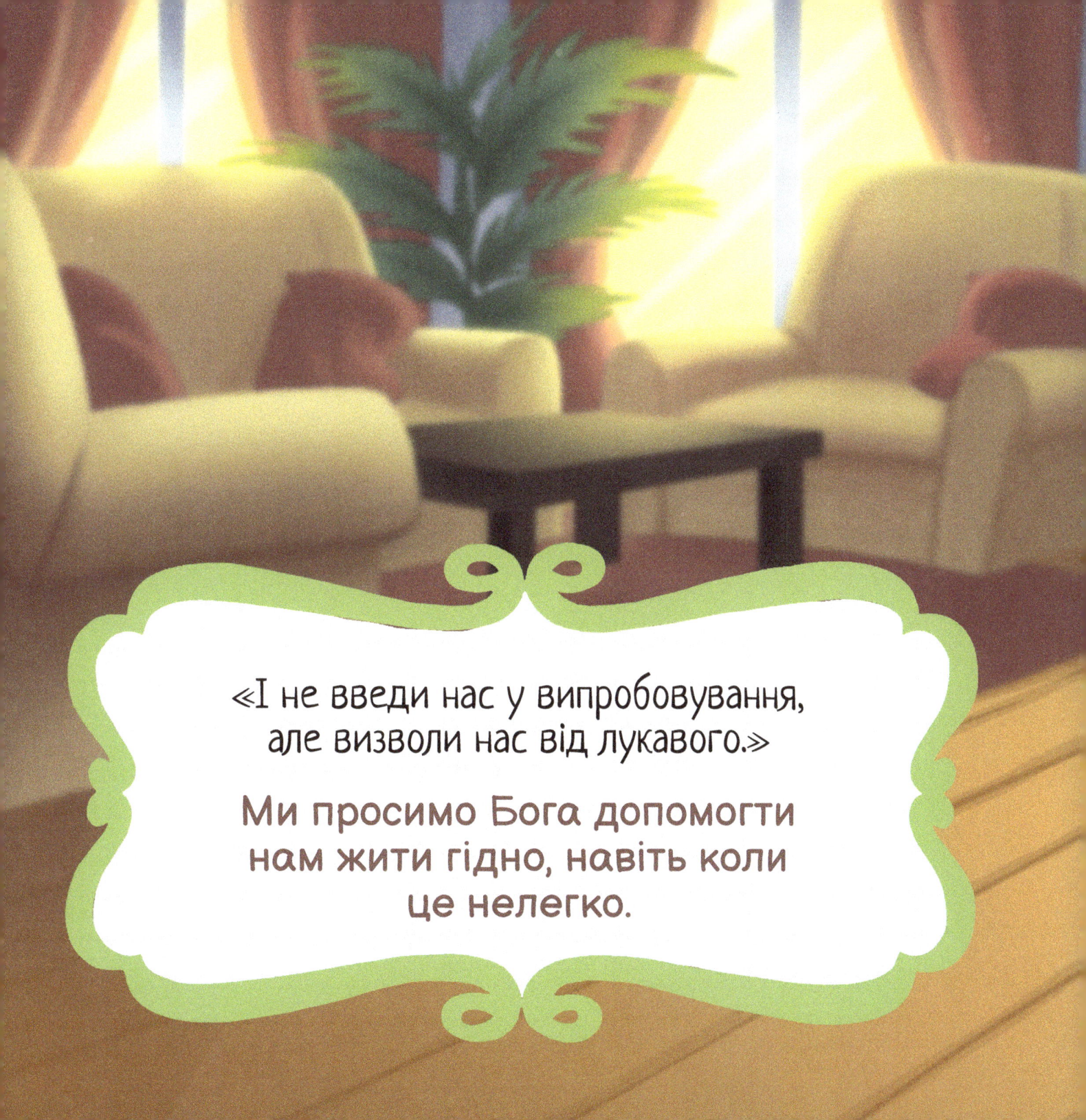

«І не введи нас у випробовування, але визволи нас від лукавого.»

Ми просимо Бога допомогти нам жити гідно, навіть коли це нелегко.

«Амінь.»

«Амінь» означає «нехай буде так», або «це правда, і я згідний із цим».

Ось декілька молитв, якими можна молитися впродовж дня.

Дякую, Боже, за відпочинок вночі;
І за приємне світло ранку,
За їжу і за турботу.
За все, що радість нам дає.

Допоможи нам виконати все, що ми повинні. Допоможи нам бути добрими до людей. Допоможи нам проявити більше любові до них.

Боже мій, мені допомагай
Більше Тебе любити.
Будь зі мною весь день, завжди,
Як у грі, так і в роботі.

Бог на небі, почуй мене!
Піклуйся про мене впродовж дня.
Підкажи мені, як поводитись,
І рідним моїм давай благодать.

Дорогий Бог,
Благослови друзів моїх.
Допоможи до них любов проявляти,
щоб у цьому Тебе прославляти.

Бог, Ти великий і добрий!
Дякую за їжу.
Твоя рука нам дає все необхідне.

Дякую, Боже, за чудовий світ
І за їжу на столі.
Дякую за птахів спів.
Дякую, Боже, за все Тобі.

Пройшов наш день
і собі я нагадаю,
Що з нами Бог.
Дякую, Господь, бо Ти поруч.
З Тобою мені немає чого
боятися.

Дякую, Ісус,
Ти тут цього вечора
За мною спостерігаєш.
Як теплою ковдрою,
Твоєю турботою
Мене зігріваєш.

Я вночі мирно відпочиваю,
І в руки Твої себе вручаю.
Мене всю цю ніч бережи,
І завтра вранці пробуди.

Благослови мене, Ісус, і охороняй.
Захисти мене, коли я засинаю.
Дозволь мені побачити солодкі сни;
І дорогих моїх бережи.

Інші книги з цієї серії:

 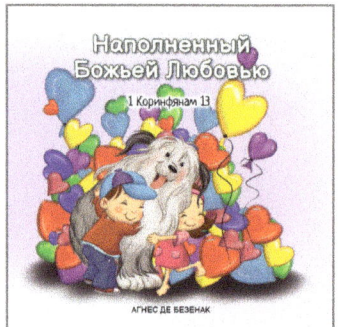  

Опубліковано: iCharacter Ltd. (Ireland)
www.icharacter.org
Складено: Агнес де Безенак
Перекладд: Наталія Феррейра
Авторське право 2020.

www.icharacter.org

Авторське право © 2020 iCharacter Ltd. Усі права захищені. Ніяка частина цієї книги не може бути відтворена у будь-якій формі або будь-яким електронним або механічним способом, включаючи системи зберігання і пошуку інформації, без письмового дозволу видавця або автора, за винятком випадків, коли рецензент може процитувати короткі уривки, використані в критичних статтях або в рецензії.

www.ingramcontent.com/pod-product-compliance
Lightning Source LLC
Chambersburg PA
CBHW040012080526
44586CB00028B/2978